Los primeros viajes escolares
El concierto

por Rebecca Pettiford

Bullfrog Books

Ideas para padres y maestros

Bullfrog Books permite a los niños practicar la lectura de texto informacional desde el nivel principiante. Repeticiones, palabras conocidas y descripciones en las imágenes ayudan a los lectores principiantes.

Antes de leer
- Hablen acerca de las fotografías. ¿Qué representan para ellos?
- Consulten juntos el glosario de fotografías. Lean las palabras y hablen de ellas.

Lean en libro
- "Caminen" a través del libro y observen las fotografías. Deje que el niño haga preguntas. Señale las descripciones en las imágenes.
- Lea el libro al niño, o deje que él o ella lo lea independientemente.

Después de leer
- Inspire a que el niño piense más. Pregunte: ¿Alguna vez has estado en un concierto? ¿Que escuchaste? ¿En que tipo de lugar se dio lugar?

Bullfrog Books are published by Jump!
5357 Penn Avenue South
Minneapolis, MN 55419
www.jumplibrary.com

Copyright © 2016 Jump! International copyright reserved in all countries. No part of this book may be reproduced in any form without written permission from the publisher.

Library of Congress Cataloging-in-Publication Data

Names: Pettiford, Rebecca, author.
Title: El concierto / por Rebecca Pettiford.
Other titles: Concert. Spanish
Description: Minneapolis, MN : Jump! [2016] |
Series: Los primeros viajes escolares | Includes index.
Identifiers: LCCN 2015040179 |
ISBN 9781620313299 (hardcover: alk. paper) |
ISBN 9781624963896 (ebook)
Subjects: LCSH: Concerts—Juvenile literature. |
School field trips—Juvenile literature.
Classification: LCC ML3928.P4716 2016 |
DDC 780.78—dc23
LC record available at http://lccn.loc.gov/2015040179

Editor: Jenny Fretland VanVoorst
Series Designer: Ellen Huber
Book Designer: Lindaanne Donohoe
Photo Researcher: Lindaanne Donohoe
Translator: RAM Translations

Photo Credits: All photos by Shutterstock except: Alamy, 16–17; Igor Bulgarin/Shutterstock, 6–7, 22; iStock, 4, 5, 19; Martin Good/Shutterstock.com, 10–11, 13; PhotoHouse/Shutterstock.com, 18–19; testing/Shutterstock.com, 14–15; Thinkstock, 8, 12.

Printed in the United States of America at Corporate Graphics in North Mankato, Minnesota.

Tabla de contenido

¡Atencion!	4
En la sala de eventos	22
Glosario con fotografías	23
Índice	24
Para aprender más	24

¡Atencion!

Nuestra clase está en un paseo escolar.

Estamos en un concierto.

¿Que pasa en un concierto?
Gente toca música.

**Algunos tocan instrumentos.
Ellos son músicos.**

Vamos al centro de eventos.

¡Shh! Es hora de guardar silencio.

El director llego.

¿Que esta haciendo?
Dirige a los músicos.
Tiene una varita.

varita

Existen todo tipo de conciertos.

Alguna veces la gente baila.

Tocan los tambores.

¡Bam! ¡Bam!

Algunas veces la gente canta.

Están en un coro.

Vamos al parque.

Una banda esta tocando música.

¡Wow! ¡Que genial!

La música termina.

Aplaudimos.

El concierto fue divertido.

¡Hay que regresar!

En la sala de eventos

Glosario con fotografías

 **banda** Grupo de músicos.

 **coro** Grupo de gente que canta.

 **concierto** Espectaluo de música en vivo.

 **paseo escolar** Un pequeño viaje que los estudiantes toman para aprender algo.

Índice

bailar 15
banda 19
cantantes 9
cantar 9, 16
conductor 10
coro 16

instrumentos 8
música 7, 19, 20
músicos 8, 12
parque 19
paseo escolar 4
tambores 15

Para aprender más

Aprender más es tan fácil como 1, 2, 3.

1) Visite www.factsurfer.com

2) Escriba "elconcierto" en la caja de búsqueda.

3) Haga clic en el botón "Surf" para obtener una lista de sitios web.

Con factsurfer.com, más información está a solo un clic de distancia.